창조문학대표시인선 281

몽돌이의 이야기

A RoLLing Stone Gathers no moss.

月山 구 연 민 詩選集

창조문학

□ 시인의 말

제 2 시집을 내면서

청춘예찬(青春禮讚)글을 고등학교 교과서에서 읽고 그 열정(熱情)을 오래 간직하면서 동분서주(東奔西走) 땀 맛을 즐겁게 감미(甘味)하느라 희노애락(喜怒哀樂)과 여가문화(餘暇文化)를 가까이 못한 황금(黃金)시절이 표적(表迹)도 없이 지나가고 미수(米壽)고개 마루에서 하얀 그림자를 보면서 지울 수 없는 발자국에 고인 물과 먼지를 하나씩 덜어내면서 그래도 버리기에는 섭한 것들을 실에 꿰어 구슬처럼 엮어보았습니다.

외롭게 오는 길에서 따뜻한 정(情)을 주시고 잘못을 포용(包容)하시며 힘을 넣어 주신 분들에게 머리 숙여 감사를 드리며 정성(精誠)을 다하여 이 작은 시집(詩集)을 드리옵니다.

2021년 여름

구 연 민 (具然旻)

몽돌이의 이야기

月山 구 연 민 詩選集

◈차례◈

1부 남산골 제비꽃

2부 종이비행기

3부 꽃님아

4부 어찌 하오리까

5부 망구(望九)의 소욕(所欲)

1부 남산골 제비꽃

봄이 오는 소리

겨우내
아랫목에 깔아 둔 외할머니 솜이불
수 삼년 소식 끊긴 시집보낸 막내 손녀
아지랑이 피어나는 뒷마당 햇빛 뜰에서
탁탁 이불 털어대는 소리

눈 쌓인 초가지붕
백설과 이별이 서러워
고드름 녹아 눈물 되어
뚝뚝 떨어지는 소리

빼꾹새 수놈 한 마리
머리 흔들거리며 꾹꾹거리고
뒤뚱뒤뚱 걸어가다가
꾹꾹 꾸르륵 꾹 꾸르륵 우는 소리

발자국도 사라진
눈 덮힌 산기슭 외딴 초가집
창호지 문틈으로 비집고 들어와
옛정에 빠진 마음 흔드는 문풍지 소리.

춘몽(春夢)

입춘(立春)도 가고 우수(雨水)다
얼음이 녹아 물이 되어 흐르고
눈이 녹아 비가 되어 내린다.

나뭇가지에 싹눈 트이고
달그림자 구름이 삼켜 캄캄한데
굵어진 빗방울 옷깃 적신다.

그대 그리는 그리움이
빗방울 되어
가슴엔 홍수로 넘쳐흐른다.

가슴속 그대 파고든 밤에
고독은 떠날 줄 모르고
그리움만 살아나누나.

남산골 제비꽃

남산 돌계단 틈에 제비꽃
바람에 날려 멀리 못 가고 딩굴딩굴
돌계단 틈에 끼어
아침 이슬에 적셔 있다가
따스한 아침 햇살에 이슬이 사라진다.
그러기를 며 칠, 고운 목숨 하나
눈을 뜨고 고개 들어 살랑거린다.

아침 산책 나온 할배 발이 사뿐히 지르밟아
풀대는 소스라쳐 몸 저 눕는다.
할배 발소리 사라지면 어둠이 밀려오고
별빛을 가득 담은 이슬에 몸을 적신다.

그렇게 살면서
작은 겸양지덕(謙讓之德)을 족보(族譜)로
제비꽃하나 피우기 위하여
오늘도 말없이 고개 들어 살랑거린다.

석간송(石間松)

흙도 물도 없는
바위틈에 뿌리내려
눈비 맞으며
독야청청(獨也靑靑) 소나무여

평민(平民)으로 태어났으면
군락(群落)을 이루련만
기구한 운명으로
바위틈에 끼어 살다가

살아남는 지혜(智慧)로 자리 지키는
네 곁에 움막집 짓고
은둔(隱遁)도생(圖生)
별빛 달빛에 신화(神話)를 키운다.

생(生)과 사(死)

맑은 강물에 하루살이는
나르는 연습하다가
물고기 먹이 된다.

하루만 사는 삶이라
바쁘게 움직이어야 하는데
번식을 위하여 교미(交尾)도 해야 하고,

사자는 달리기 잘 해야 살아난다.
얼룩말을 따라 잡아서
새끼에게 먹이 주는 어미 되려고.

상어는 밤에만 우럭을 먹이로 사냥하고
우럭은 달빛 없는 밤에 알을 쏟아 낸다.
먹히면서도 종족(種族)을 보존(保存)해야 하니까.

이른 봄에 씨앗 뿌리는 농부.
거름 주고 김 메주며 잘 자라기를 고대하면서
긴 장맛비에 파죽(破竹)이 될지라도 수확(收穫)의 기대는 버리지 않는다.

미수(米壽)단상(斷想)

달안개 사라지니
초롱초롱한 별빛이
애지에 매달린 가냘픈
서러움 하나
밀긋밀긋 혼글혼글 그린다.

해적해적 한본새 달려온 그 길이
푸실한 들몰일세
더 이상 갈 곳 없으니
부들솜 구름옷 갈아입고
쓰렁쓰렁 돌아갈 준비나 해야겠다.

#초롱초롱= 반짝거리다 빛나다
밀긋밀긋= 생기 있게 맑고 환한 모양.
혼글혼글= 들었다가 나갔다가 하여 얼떨떨하고 어지럽다
해적해적= 활갯짓을 하며 가볍게 자꾸 걷는 모양.
한본새= 한 모양새. 처음이나 마지막이 같은 본새
푸실한= 눈이나 비가 성기게 자꾸 내리다.
들몰일세= 들이 끝나는 곳.
쓰렁쓰렁= ① 남이 모르게 비밀히 하는 모양.② 일을 정성껏 아니하는 모양

몽돌이라 말 하리다

1938.4.15.일 일제강점기(日帝强占期)에 겨자씨 하나
늦동이로 애지중지(愛之重之) 소년 되어
산과 들 그리고 강물에서
흙냄새 몸에 배인 토박이 소년으로 자랐다.

가방끈 늘리려고 동분서주(東奔西走)
외롭고 지친 몸 신발 속에 간직하고
끝도 없이 모진 돌 정 맞으며
사나운 밀물과 썰물에 연마(鍊磨)됐다.

IT문화(文化)에 접목시킨 수학교육(數學敎育)제정(制定)은
4차 산업(産業)의 마중물로 싹이 트고,
초근목피(草根木皮)로 닦아 온 세월
노력의 풍요(豊饒)로 일등국(一等國) 되었다.

인우보증(隣友保證)에 발목 잡혀
나신(裸身)이 된 몸, 황금(黃金) 세월(歲月) 버림받고,
오로지 명예회복(名譽回復) 도전으로
재물(財物)보다 귀한 문학(文學) 작가(作家)로 등단(登壇) 하였다.

6월의 일기(日記)

아무도 없는 아침
해는 소리 없이
나보다 먼저 떠올라 있고
무더위는 지칠 줄도 모르고
대지(大地)를 독차지 한다.

아침인가 했더니
벌써
저녁때라

월요일(月曜日)인가
했더니
금요일(金曜日)이네

덥다 해서
보니
12일이 초복(初伏)이었고.
덥다 했더니
말복(末伏)이 22일이었다.

고속도로 위의 자동차들
꼬리 물고 급하게 달린다.

희로애락을 하나씩 싣고 가는가.

현관의 어항 속 금붕어들은
쉼도 없이 유영하는데
그들도 희로애락이 있을까

텃밭에는
오이와 고추
목이 마르고 더위에 지쳐

무성한 잎들이 축 늘어져 고사(枯死) 직전이다.

텃밭에 상추씨앗을 뿌린지가
엊그제인데
다 자라서 씨앗을 만들고 있다.

세월이 빠른 건지
내 삶이 느린 건지
어느 새 6월 말이네
마음은 그대로 인데
거울속의 내 얼굴은 주름 골 있다.

콧수건 달아주던

아들이 정년퇴직(停年退職)을 한다는데
그 많은 세월
해 놓은 건 하나도 없는데
허무한 숫자는 82로다.

삶의 어둠이 시나브로 다가와도
사는 동안
아프지 말고
모든 이들을 미워하지 말고
사랑하며
행복(幸福)하게 살았으면 좋겠네.

홍시마음

당신을 만나는 순간
꽃 멀미로 가루 비를 맞은 기분이요.

허지만
초록이 사랑하는 나의 마음은 안셈이로다.

그리고
깊어지는 사랑은 나의 맛뜻 이며,

오늘도
당신의 아름다움은 언제나 빛 너울 같은 한본새 라오.

행여
내일은 못 오시려나?
노심초사(勞心焦思),
내 마음은 애지 끝에 마지막 홍시로다.

꽃멀미= 꽃의 아름다움에 어지러운 증세.
가루비= 가루처럼 뿌옇게 내리는 비.
초록이= 추호의 의심도 없이.
안셈= 안에 지니고 있는 마음.
맛뜻= 처음 먹은 마음. 빛 너울= 광채
한본새= 한 모양새. 애지= 가는 줄기.

가을이 오는 소리

강렬한 태양 아래
눈부시게 꽉 찬 들녘
곡식이 익어 가는 소리

해 질녘
노을 굽이쳐 흐르는 강물
살찐 피라미 유영(遊泳)하는 소리

열기가 물러난 자리
사각이며 춤추는 갈대밭에
노랑부리저어새 걸어가는 소리

가을이 오는 소리
가을이 익는 소리

우감(偶感)

몸은 노송(老松)이요
마음은 오뉴월의 개잠이며
20대 청춘으로 머뭇거리지만,

세월이 가고
해는 뜨고 지며
인간의 모습은
쉴 새 없이 변하기만 한다.

말없는 청산은 천만년 변함없는데
웃으며 살아도
100년을 채우지 못 하는데
왜? 발버둥 치는가.

코로나19와 추석(秋夕)

오늘이 있어 내일이 있고
오늘의 태양은 내일도 뜬다.
지난해 추석 즐거움
올해도 오는데

가족들 모여
추석날 즐길 것이나
코로나19로
비대면(非對面) 추석날이 되어버렸다.

기다리던 추석날
조상님 성묘(省墓) 못 하고
불효자(不孝子) 되어
후손(後孫)들 삶이 서글퍼진다.

잡초가 욱어진 산가(山家)
홀로누어 딱 한번은 보려는데
코로나19 훼방으로
곡주(穀酒)맛도 못 본 외로운 추석(秋夕)이 되었다.

2부 종이비행기

할머니의 기도

카랑카랑한 당신의 목소리는
젊은 산울림.
아파트 계단에 떨어진
당신의 그림자는 애잔하네요.
더듬더듬 장님걸음으로
어둠을 가르고 나선그곳,
오늘도 굽은 등만 보이는데,
새벽 예배당에서 묵상(默想)으로
아들과 며느리
그리고
다음달에
태어날 손자 건강을 -

종이비행기

삭풍(朔風)이 몰아치는 동지섣달
눈발이 쏟아지는 밤
어머니 그리워 잠 못 이루고

옥탑방(玉塔房) 서성이다가
옥상(屋上)에 나와
사모곡(思母曲) 적은 종이비행기
남쪽 하늘로 날려 보낸다.

산수(傘壽)에 다짐

약관(弱冠)에 집 나간 막내아들
땀 적시고 사방팔방(四方八方) 다니며
주경야독(晝耕夜讀)으로 생고생을 일상(日常)으로 살았습니다.

포근하고 따뜻한 어머니 품 같은 곳도,
아버지의 장송(長松)같이 든든한 버팀목도 없고
마음시린 찬 서리만 가득 하더이다.

황금(黃金) 같은 시절은 속절없이 강물에 흘러 보내고
뒷머리 허옇게 서리 내린 나이로 시인(詩人)과 수필가(隨筆家)
이름표 덧달고 텃밭에 황금 종(種)을 심고자합니다.

아버지 어머니 가까이 모시고
즐거울 때나 괴로울 때면 마음껏 불러보고 울어보며
철들어 가는 모습으로 살고 싶소이다.

자자손손(子子孫孫) 대가족(大家族)을 이루고
사방(四方)에서 귀감(龜鑑)이 되는 후손(後孫)들로 성장해서
부모님의 은덕(隱德)에 큰 짐을 덜고자 하나이다.

어머니 마음

어머니의 곡진(曲盡)한 삶은
형제(兄弟)자매(姉妹)들 삶의 표상(表象)이다.

봄을 완상(玩賞)하지도 못하고
어느덧 여름 한 복판에 왔다.

애면글면 양육(養育)한 자식들
부모마음 일 할(割)도 모른다.

노심초사(勞心焦思) 어머니 오늘도
퇴직(退職)한 자식 건강을 먼저 챙긴다.

미안하구나

새벽부터 비가 추적추적 오는 날
고운 아미(蛾眉)든 어머니와
포삭포삭한 하지감자 먹으며
도란도란 이야기하던 추억이
조약돌처럼 구르는 날
힘없이 떨어져 딩구는 은행잎 밟으며
발암발암 간으로 어찌어찌 걸어
외롭고 쓸쓸함이 어둡고 찬바람 가득한
101호 나의 쉼터에 들어오니
바로 보이는 배속한 책꽂이를 보는 순간
성치 못한 너의 모습
산더미 같은 파도가 덮칠 듯 꼿꼿이 서서 오다가
사르르 부서져 나가듯 내 가슴에 열기를 더 하는구나
힘없는 아비는 평생을 두고 할 말이 없다.
다만
한마디
"미안하구나."

까마귀

까옥~까옥~
아침인사 하듯 울어댄다.
"아이고 또 누가 가는 가벼-
차라리 나를 데려가지..."
아직도 90세는 멀었는데-

내 어머니
까마귀를 저승사자로 아시나 보다

적패지(赤牌旨)를 잃어버려
불길한 새로 부르고
유럽이나 그리스도교는
악마(惡魔)의 새라하는데

창세(創世)신화(神話)의 주역으로 길조(吉鳥)라 하는
시베리아와 인디언들

삼족오(三足烏)라 칭하는 신비한 존재
정월보름을 "까마귀 날"로 하는데
오합지졸(烏合之卒)대명사는
반포지효(反哺之孝)의 상징을 넘나든다.

할머니 변명

누구라고?
무어라고 ?
어디라고?

눈앞에 서 있는 데도 누군지 잘 모르겠고
말하는데 잘 들리지 아니하고
자주와 본 곳인데도 기억이 나지 않으니

어찌하여 이런 지경이 되었는가?
아서라 탓 하지 말고
그냥 구경하듯 두어라

꽃이 피고 나비 날고
살구나무가 옆에 있어도
땡감이 홍시가 될 때까지

여기가 어디인지도 구별 못하는
세 살 베기 손자 되니
이 꼴이 뉘 탓인가

원망도 미워도 하지 말고
달빛이 바뀌고 제비가 떠나는 날이 오면 할배 찾아가련다.

아버지의 한숨

19공탄 손 수레가득
냉기 덥히려고 달린다.

배고파 울까 양손에
우유병 들고 달린다.

콧물 보이면 등에 메고
달린다.

찐빵으로 밥 때우고
글 장사 달린다.

별과 이야기하며
어두운 그림자 삽질한다.

무자식 상팔자라
자랑하는 과부팔자도 있다.

넘고 넘으면 열두 고개
무지개 동산 온다했는데,

흰머리 세어보면서
구름 낀 달밤별을 찾는다.

갑돌이 엄마 일기장

앞태를 보나 뒷태를 보나
분홍저고리에 녹색치마
옷 보퉁이 팔에 끼고
남정네에 손을 잡혀
버스타고 오던 날부터
잠자리가 바뀌었다.

목이 빠지게 물동이 이어 나르고
아궁이에 불 지펴
삼시 세 끼 밥 짓고
황소 세 마리 소죽을 끓였다.

병든 시아버지 병수발 10년
시어머니 시집살이 20년
벙어리 10년
장님 10년
그리고 귀머거리 20년

비 젖은 저녁노을
땀 베인 삼배적삼
마를 새 없어도
발자국에 고인 물 맑기만 했다.

가정(家庭)

희로애락(喜怒哀樂)을 함께하는
우리 식구들

하늘을 머리에 이고
땅에는 땀과 눈물
고난을 이겨내고
웃음꽃 피우네.

해지는 길목
찾아든 날짐승처럼
작고 비좁은 곳
따뜻한 구들장에서 언 몸을 녹인다.

어머니!

자식 그리워
대문 앞을 서성이다가
머-얼리
사람 모습 보이면
행여나
내 사랑하는 아들인가하고
마음이 먼저 두근두근 하다가
섭섭한 마음 뒤에 두고
방문을 닫곤 하시던 어머니 !

어두운 밤길에
돌부리 넘어질세라
끄지 못하는 외등에
고드름이 맺혔네.

추석에 올까?
설날에는 오겠지
한 해 두 해 기다리다
영결종천(永訣終天) 떠나가신 어머니!

집사 순천박씨원숙의묘
1894갑오년 12월 6일 생
1985을축년 7월 21일 소천
2005년 9월 일 세움

사모곡(思母曲)

우리 집 굴뚝연기는
나 어릴 때부터
어머니 부엌일 시간표였다.

밥을 지을 때도
소여물을 끓일 때도
겨울밤 군불을 땔 때도

우리 집 굴뚝에서는
파랗고 하얗고 검은 연기가
힘 있게 올라 퍼졌다.

그러나 지금은
그 연기를 볼 수 없게 되었다.

밥은 전기밥솥으로
소죽은 건식(乾食)과 사료로
군불은 전기장판이 대신한다.

전봇대가 세워지면서
굴뚝의 연기도
어머니의 모습도 찾을 수가 없게 되었다.

3부 꽃님아

그리움(1)

그믐달 쉬어가고
귀뚜라미 잠 들 때
하늬바람 스며든다.

낙엽을 밟을세라
이리저리 피하며
껑충껑충 발 춤춘다.

밤하늘 마음 밭에
옛 사연 눌러쓰고
옷깃을 여민다.

사랑스런 님의 모습
별 밭에 남겨 두고
스르르 눈을 감는다.

꽃님아, 꽃님아!

꽃길로 이어지는 오솔길
인파에 밀리는 발걸음이
강물처럼 흘러간다.

산들바람이 햇빛을 애무하고
눈 구경 푸짐한데
옷깃을 여미게 한다.

만개한 벚꽃이 웃음 지며,
낙화는 발끝에 꽃수를 놓고
개나리도 뒤따라 모자이크를 하네.

세월 따라 어디로 갔느냐
꽃님아, 꽃님아!
강물처럼 어디로 흘러갔느냐.

미소를 머금은 그대

미소를 머금은 그대가
산을 넘고
강을 건너
내 가슴에 왔네.

베개 속의 꽃씨처럼
꽁꽁 간직한
사랑과 믿음을
모두 지닌 그대가
내 가슴에 왔었네.

꿈속에서도
그대 사랑 반추하며
행복의 동반자로
영원히 함께 하겠네.

멀리서 바라보기엔

바람 소리에 잠이 깨었습니다.
폭염을 밀어내는 힘센 선물인가
녹색 숲이나 잔잔하게 흐르는 강물에도
목마른 그리움을 가득 안고 오는가봅니다.

오래도록 내 안에서 숨 쉬어 온
그대 목소리
그 많은 세월
모정으로 달래고
효심으로 인고의 성을 쌓습니다.

밀어내기엔 너무나 큰 산에
그대가 좋아하는 것이라면
그림자도 보이지 않지만
내 가슴에 소중하게 간직하리라.

가까이
더 가까이
언재까지나 다가가고 싶은데
가만히 가만히
바라보기엔
죄인 같은 마음뿐입니다.

꽃바람

너는 눈깔사탕
네가 오는 날
칙칙 푹푹 뚜뚜
다가오는 기차다
나를 흔들어 놓고
짝신발로 달려 나오라 손짓을 한다.

너는 청국장
나의 입맛을 담갔다.
네가 오는 날
소리 없이 지-하고 다가선 지하철 4호선
10년도 안 된 세월
너를 보는 설레는 마음
진한 청국장 맛이다
단 하루만이라도
너와 같이 바람 쐬었으면 싶다.

그리움(2)

가슴 멍들도록
사랑 꿈 불 지펴 놓고
그림자도 없이
서쪽 하늘 아래 동산으로
돌고 돌아 사라진 소녀
혹시나
눈 익은 모습 찾을까
폭 삭은 빈 가슴에
새싹 돋아날까
꿈에라도 기대하며
빈 가슴 새벽별 그려 본다.

사랑하는 마음은

당신을
사랑하는 마음은
솟아오르는 태양과 같고

당신을
사랑하는 마음은 내 가슴 안에
산 같고 강 같으며

당신을
사랑하는 마음은 세월이 지나고
냇물이 흐르고 흘러 이르듯

당신을
사랑하는 마음은
어제도 오늘도 내일도 은은한 달빛.

건강하니까

밤새 촉촉히 내린 비
해 뜨기 전 사라지고
파란 하늘이 아침 해 기다리고 있다.

한 손에 작대기 지팡이 짚고
왼 다리 질질 끌며
황소 눈으로 이 골목 저 골목
수색하는 점령군이다.

쓰레기통 열병식(閱兵式) 하고
전리품(戰利品)으로
페트병, 쥬스 유리병, 빈캔, 옷가지 등
주섬주섬 챙겨

마지막 가는 곳은
새로 건축한
5층 빌라 안방마님 궁전이다.

안방마님 왈 -
아무도 말 하지 말기요.
나의 건강 비법(秘法)이니까.

고향 가는 길

귀뚜라미 멜로디 청량(淸涼)하고
코로나19에 지친 밤바람 싸늘해
옷깃을 여민다.

맑은 밤하늘에 은하수(銀河水) 흐르고
수많은 별들 앞 다투어 반짝반짝
별똥별은 힘차게 꼬리를 남긴다.

도시의 가로등(街路燈) 은하수 되고
경주하듯 달리는 자동차들 별이 되어
북두칠성(北斗七星)안내로 고향(故鄕)으로 달린다.

추분(秋分) 지난 초승달 보름달 찾아가고
허리 굽은 어머니 사랑 그립고 그리워
눈물 닦으며 달려갑니다. 어머니 조금만 기다리셔요-

장수미덕(長壽美德)

미수(米壽)언덕에 서서
하늬바람에 나부끼는
옷자락을 여미며
위선(僞善)과 오만(傲慢)을 내려놓고
안분지족(安分知足)하니
몽돌이 인생이
달보드레하더이다.

여보 당신

검정고무신 벗어들고
안방에 꽃 한 송이 안기우고
60년을 이궁이 지킴이로
푸짐한 주름진 손 가마솥 한 가득.

돈 벌어온다고 철없이 떠난 서방님
무료급식소 줄 서있는
뉴스 속 사진-
여보 당신 미안해요 집으로 어서 오셔요.

항변(抗卞)의 메아리

방방곡곡에서 대한독립 만세
함성이 하늘 높이 열기를 타고
메아리 되어 가슴을 두들긴다.

오늘 옛 서대문 형무소(刑務所)에서
99주년3.1절을 맞았다.
일제 강점기를 규탄하는 울분이
아직도 그 잔해가 속속들이
우리의 가슴을 쓰리게 하고 있다.

일제강점(日帝强占)에서 독립(獨立)만이
우리의 살길이라고 태극기를 만들어
손에 손에 들고 남녀노소가 외치던
그 날 아직도 가슴 설레고 그리고 눈물을 흘리며
또 외친다. 한국의 뿌리는 임시정부(臨時政府)라고.

한반도(韓半島)를 평화(平和)로 경제공동체로 이루자 제안한다.
이제는 우리가 독립(獨立)된 자유(自由) 민주국가(民主國家)를
세계만방에 고하노라.

4부 어찌하오리까

파도(波濤)

노울성 파도가 뿔이 났나,

희로애락(喜怒哀樂)공유하기를 외치는가?

언제나 정사를 서슴치 않는다.

분노(憤怒)의 파도

재앙(災殃)의 바다

신비롭고 아름다운 이 강산

험한 준령(峻嶺) 넘고 넘어 축복을 기원 한다.

예배당(禮拜堂) 연가(戀歌)

당신과 내가 만난 예배당을 기억한다.
논현동 언덕길도 기억한다.
우리는 예비신자 교실에서 인사하고
마음의 여백의 광주리에
차곡차곡 담아가는 하느님의 성령(聖靈)을
당신은 힘주어 펴주며
신앙의 문고리는 무엇인지
어떻게 잡아야 하는지
어떻게 태어나야 하는지
함께 걷는 시간마다
알 것도 같고 모를 것도 같다.

어느 날 망설이는 안개 속에서
해묵은 만족의 웃음을 가득 남기고
방학동 성당으로
훌쩍 떠나신 당신
장재욱 마태오 신부(神父)님
예배당을 돌아가는 신부님의 뒷모습이
바다와 하늘의 경계에서 홀연히 사라지듯,

종교(宗敎)와 비종교(非宗敎)의 언저리에서
신부님의 은혜와 성령의 뜨거운 사랑으로
길 잃지 않고 오래오래 기도(祈禱)하리라.

어찌 하오리까

잿빛하늘 동녘에는 주황색 물감으로
일출(日出)을 서두르고 있다.

한적한 골목길
비둘기 한 마리
빵 한 쪽을 쪼아 먹고 있다.

어제 밤늦은 시간
술 취한 똘이 아빠
흘리고 간 그 빵

철이네 복실 개가 보았으면
한 입에 꿀컥 했을 건데
입도 부리도 작아서
서둘러 쪼아 먹으니
배는 부르지만
남아 있는 빵이 아까워
길고양이 다가와도 쪼아 먹고 있다.

그 옛날
비둘기 모이주기 했는데
똥 싼다고 굶기고 있다.
그런다고 똥 안 싸는가

요양원 어르신 굶기는 꼴이네.
남은 빵 아까워
잠자는 어린 새끼 그리고 남친 기다린다.
길고양이 도끼눈으로 공격 준비 중
아까워 어찌하나 마음 졸이는데
우유배달 트럭이 깔아뭉개고 지나간다.

아까워라

비둘기는 무서워 잽싸게 날아가고
길고양이는 도망치듯 담장 밑으로 숨어 버린다.

너도 나도 먹지 못하고
오늘 양식 망쳐 버렸다.

측은지심(惻隱之心) 이 농후한 일요일 아침
사회적 갈등(葛藤)의 짧은 드라마는 막을 내린다.

존재

인생을 살다보면
내게 만만한 친구는 하나도 없다.
언제나 벅차고 힘들다.
친하게 지내기도 어렵고 절교하기도 버겁다

사랑도 마찬가지
내게 만만한 사랑은 어디에도 없다
다른 사람도 그럴까?
생각이 떠나지 않는다.
사랑구하기도 어렵고 포기하기도 힘들다.

사랑은 망망한 바다 같은 것
모두가 나 같은 인생은 아무도 없다.
명예회복하고
사랑한다는 것
나에게는 가능한 마지막 이야기일까

돌아가는 길

낙엽이 부서지는 음악 속으로
시(詩)가 틈새 끼어 화폭을 만드는
가로수길

추억을 엮어
그림을 그리는 그 길
멀리서 다가오는가 싶더니
멀어져만 가는가.

나의 발목을 잡고 있는
너의 잔정이
돌부처 되고
낙엽 등에 껌 딱지처럼 매달린
너의 미소는
비 젖은 바닥에서 잠자고 있다.

석류(石榴)

새빨간 진주를
가슴에 품고

은밀한 비밀을
간직한 세월

사춘기의 가슴팍
열어 보이는
성숙한 모습에
애가 타더라.

산사(山寺)에서

어둠을 가르는
범종(梵鐘)소리

여래의 음성
가슴에 스며들고

스님의 독경소리
번뇌를 달랜다.

앵두

반짝 든 여우볕에
가지마다 망울망울 얼굴 내밀고

햇살 훈훈한 입김
바람이 스칠 때 마다

불그레 웃음 짓듯
연지볼이 곱다.

봄이 오는 소리(1)

눈 덮인 산자락에서
시원한 물줄기
졸졸졸 흐르는 소리

양지바른 텃밭 둑에
흰 저고리 검정치마 아가씨들
새싹 쑥 뜯으며 부르는 콧노래소리

흙 담장 벽 아래
옹기종기 모여 딱지 치는 꼬마들
네 것 내 것 따지는 목청 높은 소리

가시 울타리 사이로
파고드는 산들바람에
짹짹거리며 날개 짓 하는 참새 소리

건너 마을 영숙이
콧수건 가슴에 차고
오빠라 부르던 그 소리

아, 봄이 오는 소리인가
나에게도 봄은 오나보다
씨앗들 솟아나는 숨소리 들리는 듯.

유관순의 웃음

1919년 서대문 형무소 8호 감방
눈이 보이지 않는 심명철과 만삭의 임신부 임명애,
개성출신 신관빈, 수원 기생이었던 김향화

"관순아, 우리 끝까지 버텨야 한다.
조선(朝鮮)이 해방(解放)되는 날까지
우리는 죽어도 죽은 게 아니야"

그들은 모두 측은(惻隱)하고 아픈 마음으로
유관순을 정성껏 간호했다.
옆에 있는 애라가 울먹이는 목소리로 노래를 부른다,

"울밑에 선 봉선화야 네 모양이 처량하다
길고 긴 날 여름철에 아름답게 꽃필 적에
어여쁘신 아가씨들 너를 반겨 놀았도다."

향화는 애라의 노래가 끝나자 노래를 부른다.

"북풍한설 찬바람에 네 형체가 없어져도
평화로운 꿈을 꾸는 너의 혼은 예 있으니
화창스런 봄바람에 회생키를 바라노라"

고문(拷問)으로 힘든 옥중생활 속에서

노래는 그들에게 작은 힘이 되었다.
8호 감방 동료들이 있었기에 관순은
조금이나마 웃으며 버틸 수 있었다.

●유관순열사. 독립운동가
일제강점기의 독립운동가로 아우내 장터에서
군중에게 태극기를 나눠주는 등 만세시위를 주도하다가 체포되었다.

구라마조프 선생

-드미트리 선생 -황송문(黃宋文) 저

수학(數學) 전공 교육자(敎育者)로 활약할 때
해양(海洋)업을 하는 친구 보증(保證)을 섰다가
배가 바닷속으로 들어가는 바람에
빚에 풍지(風紙)박산(博山)하여 재산(財産)을 날렸다.

아무 일도 할 수 없는 드미트리는
제자(弟子)와 함께 오징어 장사에 나서면서
안 해본 일이 없이 전국 방방곡곡(坊坊曲曲)
가지 않은 곳 없이 누비고 다녔다.

구 선생은 "카라마조프의 형제" 중의 큰형
순수한 드미트리를 닮아 신고(辛苦)를 겪는 동안
밀물과 썰물에 뒹굴다가 원형(圓形)이 되어
백전노장(百戰老將) 몽돌로 되살아났다.

◎황송문(黃宋文)문학박사.
"구라마조프 선생" 구연민 시인"의 대명사로서
"카라마조프의 형제"(드미트리)를 패러디한 글임. 2020.9.27.수령함.

외다리 비둘기

은행나무 가로수 이파리가
미풍에 하나 둘 나비처럼 날려
바닥에 내려와 눕는다.

먹이 찾아 날아든 비둘기 한 마리
오른 다리가 부러져 외발로 뛰면서
이리저리 주억거리며 먹이 쪼아댄다.

즐거운 행사 때는
비둘기를 하늘로 훨훨 날렸는데
오늘은 먹이도 주지 말라 아우성이다.

대식생(大食生)이라 엄청난 배설물
독약(毒藥)보다 더 독하여 쇠붙이도 녹아내니
악령(惡靈)의 새로 미운 비둘기 되었구나.

무엇을 잘못해
다리 하나 빼앗기고
외다리로 서서 연명하는가.

5부 망구(望九)의 소욕(所欲)

종점역(終點驛)에서

나이는 숫자라지만
세어보니 한참 간다.
운전면허증(運轉免許證) 반납하고
교통비로 10만원.
하늘빛은 어제처럼 파랗다.
지하철 우대권(優待券)은 하얗게 바랬다.

은행 알이 주렁주렁 매달렸는데
오늘은 앙상한 가지뿐.
허 멀건 낮달은 염(殮)을 기다리는
여인(麗人)얼굴색이다.

하얀 국화송이 목관(木棺)위에 누어
망자(亡者) 명복(冥福) 기도한다.
입춘(立春)이 와도 덤덤하니
머리가 맛을 잃었나보다.

생존(生存)

고향(故鄕)기억을
연어(鰱魚)만도 못하는 꺼벙이

자식 번식(繁殖)은 갈매기만도 못한 내시(內侍) 같은 사나이
여기 또 하나 있다.

1달을 먹지 않아도 살아남는 사막뱀도 있는데
내 어찌 하루에 세끼를 꼭 먹어야 하나

악어의 먹이가 된 누우 한 마리
누우떼를 피신(避身)시키고
삶을 마친다.

눈에 보이면
소리가 들리면
냄새가 코를 괴롭히면
숨바꼭질을 할 텐데
창문도 꽁꽁 잠그고
방송과 문자에 목줄을 건다.

살아남은 거미게들의 행렬, 산자들 과시(誇示)한다.
가오리가 지켜보는 중에 거미게들 또 이동한다.
붉은 벌 잡이 새는 번식(繁殖)을 위하여
먼 길을 찾아와 흙벽에 굴을 파고 있다.

그래

그래
막걸리 딱 한잔 마셨는데
얼굴이 홍당무 같다고
그랬으면 어때

그래
내가 너를 사랑하고 있는데
남이 알면 남세스럽다고
그랬으면 어때

그래
내가 보고 싶다면 안 되나?
내 새끼니까
그랬으면 어때

그래
내가 울며 기도하면 안 되나?
엄마가 보고 싶은데
그랬으면 어때

망구(望九)의 소욕(所欲)

혈구지도야(絜矩之道也)
덕불고(德不孤)필유린(必有隣)하니

종심소욕(從心所欲)은
불유구(不踰矩)니라

망구소욕(望九所欲)은
무병생존(無病生存)으로

석양(夕陽)의 빈 자루
그림자를 야금야금 삼키며

불보살(佛菩薩)의 혜안(慧眼)이 아니어도
재능기부(才能寄附) 꽃씨는
삭풍(朔風)한파(寒波)에 만개(滿開)하리라.

곡(哭)

내가 태어난 곳을 고향(故鄕)이라 하는데, 두 딸 세 아들 떠난 집 지키느라

꽃구경 나들이도 마다하시며, 어머니는 고향산천 지키시며 외롭게 사시고,

아버지는 사방팔방(四方八方)에 아들딸 복(福)집 만들어 주시더니

지치고 지쳐 쓰러 지셨다.

10년을 병석(病席)에서 아쉬움만 남기고 떠나가신 아버지, 음택(陰宅) 가까이 모셔 놓고 마음속 눈물로 30년 더 사시고, 아버지 곁으로 가신 어머니, 젊은 시절 자수성가(自手成家)로 일구어 놓은 논과 밭 그리고 땅. 재능기부(財能寄附)로 덕을 쌓은 부모님 후덕(厚德)을, 부모님 나이되어 땅을 치고 자책(自責)할뿐 그림자 지우고, 부모님만 쓸쓸하게 뒤로하고 비 내리는 황혼(黃昏)길을 가네요.

삶의 덧셈

녹슨 가슴에
그리움 살려놓고

주저앉은 시작(詩作)에
명시 낭독(朗讀) 영상이

늘어진 두 팔에
솜털 날개를 달아준다.

동행자(同行者)(1)

나는 너에게 너는 나에게
의미가 되고 희망이 되고
천상천하(天上天下) 유일존(唯一存).

함께 있어 아름답고
함께 있어 평화롭고
함께 있어 행복하다.

삶의 가치를 엮어가며
대화의 갈증(渴症)을 해갈(解渴)하는
너와 나는 에덴의 동행자.

악몽(惡夢)

인천(仁川) 상륙작전(上陸作戰)으로
패잔병들 30리 밖 운장산 줄기 깊은 계곡.
낮에는 낙엽 속에서 개잠자고 칠흑 같은 밤 식량 약탈로
불협화음 풍악(風樂)을 울리고
벌떼처럼 웅웅대며 처 들어왔다.

집집마다 대문 걷어차고
고래고래 소리소리 지르며 겁주고 들어선다.
아버지 어머니 그리고 어린 자식들
홑이불 뒤집어쓰고 사팔눈으로
숨죽이고 발톱을 긁는다.

늙은 아버지는 말을 더듬거리고 벌벌 떨며
겁에 질린 아이 꼴로
목숨을 구걸(求乞)한다.
마귀(魔鬼)머리빨치산 여자는 고추장, 된장 챙기고
대창 든 괴물 사내는
아버지 잠바와 모자 챙기고 양말도 집어넣는다.

사랑방 젊은 남편 쌀 포대 짐꾼으로
그의 아내는 옷 보따리 머리에
이고 외양간 황소고삐 손에 쥐고 끌려간다.
잔인무도한 30여 분의

무대는 비극(悲劇)과 절망(絶望)을 남기고
악몽의 잔상(殘像)으로 막을 내린다.

우정(友情)

우리는 삼총사
나라교육에 기둥이 되자하고
1958.3.20. 앵상공원에서 언약(言約)했다.
김진희는 한 살 위고
김창식은 한 살 아래며
나는 그 사이다.

김진희는 모든 것을 잘 양보하고
창식은 욕심이 하늘을 찌르며
나는 두 사람 심성을 조합했다.

4년을 동상고락(同床苦樂)하고
나라의 소명(召命)으로
2세의 중등교육을 위하여 정진했다.

김진희는 부유(富裕)함을
김창식은 명예(名譽)를
나는 두 가지를 가지려고 동분서주(東奔西走)했다.
진희는 희망길에
교통사고 후유증으로
긴 고통 속에서 영면(永眠)하고

창식은 작은 만족 누리고

노인성질환의 병명을 남긴체
외롭게 북망산(北邙山)행 하였다.
우리는 삼총사
서로서로 사랑하고
나라사랑 가족사랑 다 했건만

무정한 인간사
옛정을 남겨두고
나 홀로 그리움만 토하고 있다.

허상(虛想)

손에 넣으면
깨질세라
마음 쓰이고

놓으려 하면
다칠세라
근심 쌓이네.

한시도
떨어져 살 수 없는
보물단지

오늘따라
시간을 재촉하며
오라했건만
나 몰라라 하면서
되돌아갔다 하네.

허무하고
매정하게
떨어져 나간
뜨거운 사랑노래
추억으로 간직할거나.

가을에 여는 마음

비포장 같은 길 지나온 세월
떫은 감맛 같던 코로나19
태풍 장마로 어두운 날들

달콤한 홍시의 식감을 가져다 준 계절
논두렁 밭두렁 넘어
쑥쑥 자라나는 농작물 숨소리 듣고 싶다.

저녁노을 수수밭에 고추잠자리 날고
영글어가는 벼들의 숨소리를
남장 여장 허수아비가 북돋는다.

코로나19 시련의 세월 되새김하며
생명과 사랑을 위한 봉사자들의 살신성인(殺身成仁)
우리가슴에 영원토록 거룩하게 빛나리라.

몽돌이 되리

혹독한 엄동설한(嚴冬雪寒)에도
추우면 추울수록
단단하고 질겨지는 목숨.

애정행각(愛情行脚)은 예전에 유배(流配)로
여가문화(餘暇文化)는 가래로 뒤 덮고
희로애락(喜怒愛樂)은 부처님 가운데 도막일세.

눈비 바람에 시달리고
옷이 찢어지며 살점이 떨어져도
구르고 굴러도 깨지지 않는

우주(宇宙)에서 온 운석(meteorite, 隕石)처럼 귀한 것을
곱게 손질하여 분칠한
골백번 참고 견뎌나는 몽돌이 되리.

바위섬

하늘과 바다의 경계선(境界線)이 지워진 화판(畵板)에
입춘(立春)아침 태양(太陽)이 해무(海霧)를 녹여
바위섬 해송(海松)가지에 이슬이 방울방울 걸렸다.

정주고 떠난 임 찾아 온 한양(漢陽) 아가씨
썰물이 오는 시간 기다리며
허기진 갈매기 벗 삼아 부두(埠頭)에 망부석(望夫石)으로,

사시사철 너울성 파도가 밀물과 썰물로
씻기고 할퀴며, 지친 모습이
달빛아래 외로운 등대(燈臺)로 도도하여라.

밀물 밀려나고 썰물이 오는 날
할머니 손잡고 영숙이 오는 날
외롭지 않은 육지(陸地)가 되어 행복하여라.

□ 해설

몽돌의 인생과 몽돌의 시학

- 月山 구 연 민 詩選集 『몽돌이의 이야기』에 부쳐

홍 문 표

시인 · 비평가 · 전 오산대학교 총장

월산 구연민 시인이 이번에 「몽돌이의 이야기」라는 시집을 내게 되었다. 시집 상재를 진심으로 축하한다. 천박한 물신주의 세태에 좀 더 가치 있는 인생을 생각하고 아름다운 자연을 바라보며, 시를 사랑하고 시를 쓰며 산다는 것은 다행한 정도가 아니라 최고의 축복이다. 물론 세상을 사는 데는 물질이 필요하다. 그러나 물질에만 매달려 소중한 인생을 보내고 마침내는 물질의 종으로 평생을 허덕이며 산다면 이 어찌 값있는 인생이라 할 수 있겠는가.

한 때는 시를 한가로운 자들의 음풍농월이나 한담 정도로 생각했고 비실용적이라는 이유로 여름날의 베짱이라고 빈정대기도 하였다. 그러나 인생을 보다 진지하고 아름답게 살려는 사람들이나 사물의 내면까지 투시하며 본질의 소리를 경청하고자 하는 정말 깨어있는 사람들은 시의 소중함을 안다. 시의 생명은 강렬한 리듬과 끊임없이 진실을 찾으며 낯선 세계에 도전하고 창조해 가려는 메타포의 정신적 영적 모험이 있기 때문이다. 시는 강렬한 리듬을 통하여 신명나는 생명력과 삶의 호흡을 촉진한다. 뿐만 아니라 메타포의 끝없는 상상력으로 진부한 현재를 벗어나 늘 새 하늘과 새 땅으로 우리의 영혼을 인도한다. 그러기에 현대시학에서는 시는 마음을 위로하는 여가가 아니라 상처 난 정신과 육신을 치유하고 마침내는 영혼마저 천국에 이르게 하는 구원의 길잡이가 될 수 있다고 하는 것이다.

구연민 시인은 이번 시집 제목을 『몽돌이의 이야기』라고 했다. 몽돌이라면 우선 그 어휘부터가 한국적인 정감으로 다가오고 해학적인 어감마저 느끼게 하는 친숙한 말이다. 그리고 시집 제목을 몽돌이라는 주인공에 대한 은유적 상징의 이야기라고 한 것을 보면 구 시인의 이번 시집이 갖는 간절한 내면의 진심이 무엇인가를 짐작케 한다. 시는 시인의 삶과 꿈과 비전을 은유적 상상력으로 창조하는 작업이다. 그렇다면 구 시인의 이번 시집 몽돌이라는 은유적 이미지 속에는 그의 인생과 상상력이 몽돌이라는 상징적 캐릭터에 올과 날이 투사된 한 폭의 비단 폭이 될 것으로 예상되기 때문이다.

몽돌이란 '몽돌'이란 돌에 인격을 부여하여 의인화한 명칭이다. 몽돌은 산야에 제멋대로 흩어진 그런 돌이 아니다. 몽돌은 원래 울퉁불퉁 제멋대로 생겼던 돌이 오랜 세월 풍상을 견뎌내고 서로가 부딪치며 구르고 굴러서 끝까지 살아남아 이제는 모나지 않게 동글동글 매끈매끈 반짝반짝 윤기가 흐르는 정말 강인한 생명력을 가진 돌중에서는 가장 성공한 예술적인 돌이다. 그렇다면 이러한 몽돌의 이미지를 제목으로 한 것은 그 자신 몽돌처럼 강인하게 역경을 견디며 살아온

삶을 동일시하는 것이며 그가 추구하는 이상적 세계를 몽돌로 투사하는 것이기도 하다. 이를 극명하게 보여주고 있는 작품이 바로 시집 첫 부분에 배치한 「몽돌이라 말 하리다」가 된다.

1938.4.15.일 일제강점기(日帝强占期)에 겨자씨 하나
늦동이로 애지중지(愛之重之) 소년 되어
산과 들 그리고 강물에서
흙냄새 몸에 배인 토박이 소년으로 자랐다.

가방끈 늘리려고 동분서주(東奔西走)
외롭고 지친 몸 신발 속에 간직하고
끝도 없이 모진 돌 정 맞으며
사나운 밀물과 썰물에 연마(鍊磨)됐다.

IT문화(文化)에 접목시킨 수학교육(數學敎育)제정(制定)은
4차 산업(産業)의 마중물로 싹이 트고,
초근목피(草根木皮)로 닦아 온 세월
노력의 풍요(豊饒)로 일등국(一等國) 되었다.

인우보증(隣友保證)에 발목 잡혀
나신(裸身)이 된 몸, 황금(黃金) 세월(歲月) 버림받고,
오로지 명예회복(名譽回復) 도전으로
재물(財物)보다 귀한 문학(文學) 작가(作家)로 등단(登壇) 하였다
-「몽돌이라 말 하리다」

시인은 먼저 「몽돌이라 말 하리다」에서 몽돌의 원관념인 자신의 자전적 이야기를 시적으로 간략하였다. 몽돌처럼 산전수전 다 겪은 이야기를 탄생, 성장, 현재로 적고 있는데 흙냄새에서 태어났지만 가방끈 늘리려고 동분서주하여 수학교육자가 되었고 산업화의 마중물로 기여도 했는데 인우보증에 문

제가 생겨 낭패한 삶이되기도 하였지만 다시 명예회복에 도전하였고 지금은 재물보다 귀한 작가가 되어 이렇게 시를 쓰는 몽돌이가 되었다는 것이다.

그러기에 이 시에서 확인할 수 있는 것은 역시 몽돌의 정신, 몽돌의 인생관, 몽돌의 철학이다. 이를 잘 드러내는 구절이 바로 "끝도 없이 모진 돌 정 맞으며/사나운 밀물과 썰물에 연마됐다"같은 경우다. 시인의 이런 표현에서 보듯이 그는 인생이란 예측불허의 삶이지만 아무리 역경일지라도 생을 긍정하며 불굴의 정신으로 재기하고 도전하는 정신력 실천력, 그래서 마침내 동글동글 매끈매끈 반짝반짝 윤기가 흐르는 몽돌이가 되어야 한다는 것이 그의 신념이고 행동이고 또한 이번 시집 전편의 배면을 밝혀주는 아우라가 되리라는 것을 예상하게 한다.

이러한 기본 신념 속에 시집 『몽돌이의 이야기』는 1부 '남산골 제비꽃' 2부 '종이비행기' 3부 '꽃님아' 4부 '어찌 하오리까' 5부 '망구(望九)의 소욕(所欲)' 으로 나누어 보다 구체적인 작품들을 배치하고 있다. 그중 1부 '남산골 제비꽃'은 「봄이 오는 소리」 「춘몽(春夢)」 「남산골 제비꽃」 「석간송(石間松)」 「생(生)과 사(死)」 「미수(米壽)단상(斷想)」 「몽돌이라 말 하리다」 「6월의 일기(日記)」 「홍시마음」 「가을이 오는 소리」 「우감(偶感)」 「코로나19와 추석(秋夕)」을 통해 시인은 어떻게 몽돌이가 되었는지를 보여주는데 여기서는 주로 겨울을 벗어나 봄으로 소생하는 이미지를 통해 변화하는 계절의 시간 속에서 성장해온 자신의 삶을 시적 감성을 동원하여 섬세한 서정적 이야기로 드러내고 있다.

겨우내
아랫목에 깔아 둔 외할머니 솜이불
수 삼년 소식 끊긴 시집보낸 막내 손녀
아지랑이 피어나는 뒷마당 햇빛 뜰에서
탁탁 이블 털어대는 소리

눈 쌓인 초가지붕
백설과 이별이 서러워
고드름 녹아 눈물 되어
뚝뚝 떨어지는 소리

뻐꾹새 수놈 한 마리
머리 흔들거리며 꾹꾹거리고
뒤뚱뒤뚱 걸어가다가
꾹꾹 꾸르륵 꾹 꾸르륵 우는 소리

발자국도 사라진
눈 덮힌 산기슭 외딴 초가집
창호지 문틈으로 비집고 들어와
옛정에 빠진 마음 흔드는 문풍지 소리.

- 「봄이 오는 소리」

구 시인의 시집 「몽돌이의 이야기」는 「봄이 오는 소리」에서 시작한다. 그런데 놀라운 것은 구 시인의 봄은 현재의 봄이 아니다. 아련하게 추억되는 유년의 봄이다. 따라서 이는 몽돌이의 유년기 같은 시간의 봄이다. 그래서 거기엔 외할머니가 있고 눈 쌓인 초가지붕이 있다. 그렇다면 그의 봄은 유년기 고향의 봄이다. 거기서 그는 봄이 오는 소리를 듣는다는 놀라운 상상력의 시다. 그는 지금 몽돌이의 유년기로 돌아가 추억과 그리움으로 아롱진 그때의 봄 소리를 듣는다. 그러니까 팔십이 넘은 지금 십여 세적 봄으로 돌아가 그때 들었던 봄의 소리를 현재로 환생시키고 있는 것이다.

그가 지금 듣고 있는 소리는 무엇인가, 첫 연에서는 겨우내 아랫목에 깔아둔 외할머니의 이불을 아지랑이 피어나는 뒷마당 햇빛 뜰에서 털어내는 소리다. 둘째 연에서는 백설과 이별이 서러워 고드름 눈물 되어 떨어지는 소리다. 셋째 연에서는 뻐꾹새 숫놈이 암놈을 그리며 꾸르륵 우는 소리다. 넷째 연에서는 산기슭 외딴 초가집 문틈을 비집고 들어와 마음을 흔드는 문풍지 소리다. 이처럼 구 시인의 「봄이 오는 소리」는 개발 이전의 평화롭고 정겨운 고향의 목가적인 풍경 속에서 들려오는 유년기의 소박하고 순수한 소리를 예리한 청력으로 들으며 몽돌이의 성장을 회상하는 감성의 서정적 설화 꽃을 피우고 있다. 그리고 이러한 성장의 꽃 이야기는 「남산골 제비꽃」에서 더욱 구체화 된다.

> 남산 돌계단 틈에 제비꽃
> 바람에 날려 멀리 못 가고 딩굴딩굴
> 돌계단 틈에 끼어
> 아침 이슬에 적셔 있다가
> 따스한 아침 햇살에 이슬이 사라진다.
> 그러기를 며 칠, 고운 목숨 하나
> 눈을 뜨고 고개 들어 살랑거린다.
>
> 아침 산책 나온 할배 발이 사뿐히 지르밟아
> 풀대는 소스라쳐 몸 저 눕는다.
> 할배 발소리 사라지면 어둠이 밀려오고
> 별빛을 가득 담은 이슬에 몸을 적신다.

그렇게 살면서
작은 겸양지덕(謙讓之德)을 족보(族譜)로
제비꽃하나 피우기 위하여
오늘도 말없이 고개 들어 살랑거린다.

-「남산골 제비꽃」

유년기의 고향 공간에서 들려오는 정겨운 봄이 오는 소리를 현재화하여 몽돌이의 성장 배경을 보여주고는 다음엔 현실과 대결하며 성장하는 강인한 생명력을「남산골 제비꽃」에 투사하여 칠전팔기로 거듭나는 겸양지덕의 생명력을 은유하고 있다. 우선 이 시에서 남산골 제비꽃은 남산 돌계단 틈에 있는 생존조건이 아주 척박한 상황이다. 그래서 아침이면 잠시 이슬에 젖는 정도지만 그것도 해가 뜨면 이미 사라져 버리는 정말 생존이 어려운 악조건이다. 그런데도 제비꽃은 "고운 목숨 하나 눈을 뜨고 고개를 들어 살랑거린다." 그런가 하면 아침이면 산책 나온 할배 발이 지르밟아 풀대는 몸져눕지만 그래도 밤이면 별빛 가득 담은 이슬에 몸을 적시고 겸양지덕을 족보로 하여 제비꽃 하나 피우기 위해 오늘도 말없이 고개 들어 살랑 거린다 했다.

그렇다면 이 시의 위대한 승리는 돌계단 틈에 있는 제비꽃의 가녀린 모습이나 생존의 악조건에 대한 연민에 있는 것이 아니라 그 어떤 조건에도 제비꽃 하나 피우기 위해 의연히 살랑거림에 있다. 제비꽃은 일체의 동정을 거부하고 어떤 악조건에도 생의 목표를 달성하기 위해 초연히 살랑거린다. 이 살랑거림으로 이 시는, 이 시인의 세계는 범속을 초월한 달관의 경지에 있음을 보게 된다. 어떠한 경우에도 얼굴을 들고 살랑거림으로 몽돌이의 생명력은 진부한 현실을 초월하는 것이다. 여기에 몽돌이 이야기의 주제가 더욱 빛나고 있음을 보게 된다.

2부 '종이비행기'는「할머니의 기도」「종이비행기」「산수(傘壽)에 다짐」「어머니 마음」「미안하구나」「까마귀」「할머니 변명」「아버지의 한숨」「갑돌이 엄마 일기장」「가정(家庭)」「어머니!」「사모곡(思母曲)」으로 되어 있는데 이는 몽돌이 뿌리가 되고 있는 가족을 중심한 끈끈한 혈연의 이야기가 주류를 이루고 있다. 3부 '꽃님아'는「그리움(1)」「꽃님아, 꽃님아!」「미소를 머금은 그대」「멀리서 바라보기엔」「가까이」「꽃바람」「그리움(2)」「사랑하는마음은」「건강하니까」「고향 가는 길」「장수미덕(長壽美德)」「여보 당신」「항변(抗卞)의 메아리」등의 작품이 펼쳐지고 있는데 '꽃님아'라는 제목에서 보듯이 3부는 몽돌이가 사랑하고 있는 사람에 대한 애틋한 이야기로 꾸미어졌다.

미소를 머금은 그대가
산을 넘고
강을 건너
내 가슴에 왔네.

베개 속의 꽃씨처럼
꽁꽁 간직한
사랑과 믿음을
모두 지닌 그대가
내 가슴에 왔었네.

꿈속에서도
그대 사랑 반추하며

행복의 동반자로
영원히 함께 하겠네.

–「미소를 머금은 그대」

구 시인에게는 몽돌이가 될 수 있게 하여준 미소를 머금은 그대가 있다. 이제 몽돌이의 이야기는 미소를 머금은 그대가 있어서 행복한 '몽돌이 이야기'를 갖게 된다. 몽돌이에게 그대는 어떤 존재인가. 그대는 "산을 넘고/ 강을 건너/ 내 가슴에 왔네// 베개 속의 꽃씨처럼/ 꽁꽁 간직한/ 사랑과 믿음을/ 모두 지닌 그대"라는 고백을 보면 그대가 얼마나 소중한 존재인지를 알 수 있다. 그래서 꿈에서도 그대 사랑을 반추하며 행복한 동반자로 영원히 함께하겠다는 뜨거운 사랑의 세레나데를 열창하게 된다. 이토록 몽돌이의 인생 여정에 행복한 동반자가 되기에 당신에 대한 사랑의 노래는 작품「사랑하는 마음은」에서 더욱 절정을 이룬다.

당신을
사랑하는 마음은
솟아오르는 태양과 같고

당신을
사랑하는 마음은 내 가슴 안에
산 같고 언덕 같으며

당신을
사랑하는 마음은 세월이 지나고
냇물이 흐르고 흘러 이르듯

당신을
사랑하는 마음은

어제도 오늘도 내일도 은은한 달빛.

-「사랑하는 마음은」

시인은 당신에 대한 사랑의 감정을 1연에서는 "솟아오르는 태양과 같다"라고 하고 있다. 아침 해처럼 빛나는 소망이 되기 때문일 것이다. 2연에서는 "산 같고 언덕 같으며" 라고 했다. 믿고 의지할 수 있기 때문일 것이다. 그뿐인가 3, 4연에서는 당신을 사랑하는 마음은 세월처럼 냇물처럼 아니 어제도 오늘도 내일도 은은한 달빛이 되어 영원히 감싸 안는 불변의 빛이 되겠다는 다짐이고 보면 사랑하는 마음의 강도가 어느 정도인지를 짐작케 한다.

4부 '어찌하오리까」는 「파도(波濤)」「예배당(禮拜堂) 연가(戀歌)」「어찌 하오리까」「존재」「돌아가는 길」「석류(石榴)」「산사(山寺)에서」「앵두」「봄이 오는 소리(1)」「유관순의 웃음」「구라마마조프 선생」「외다리 비둘기」등의 작품이다. 이중 「구라마마조프 선생」이란 작품을 보면 다시 몽돌이의 자전적 생애를 반추한다. 잘 나가던 수학 전공 교육자가 친구 보증을 섰다가 파산이란 악재를 만나 오징어 장사부터 안 해본 일이 없고 전국 방방곡곡 가지 않은 곳이 없었다는 정말로 감당하기 어려운 안타까운 이야기가 담겨져 있다. 그러나 시인은 이처럼 견디기 힘든 역경을 거치면서도 인생삼모작을 도모하여 작품 마지막 부분에서는 "밀물과 썰물에 뒹굴다가 원형(圓形)이 되어/ 백전노장(百戰老將) 몽돌로 되살아났다" 는 불굴의 재기를 선언하고 있다.

그렇다면 그러한 역경을 헤치고 백전노장의 몽돌이로 보다 강인하게 긍정적으로 초연하게 되살아날 수 있었던 원동력은 무엇이었을까. 그야 물론 기본적으로는 그의 정신력일 수도 있겠고 독실한 신앙심일 수도 있겠지만 나는 그가 물질이나 명예나 권력이라는 세속적인 현실의 가치기준에서 명예를 회복 하고자 했다면 정말 동글동글한 몽돌이로 거듭날 수 있었을까. 그는 진정한 몽돌이로의 거듭남은 다시 세속적인 욕망으로 고간을 채우는 것이 아니라 정신적으로 정서적으로 영혼이 거듭나는 것, 그래서 영혼이 자유롭고 오래도록 삶이 평화롭고 보람 있는 것에 진정한 삶의 의미가 있음을 발견하고 분연히 수필가로 시인으로 황홀한 노년의 인생길을 택한 것에 있을 것이다. 그렇다면 그가 가고 있는 시의 길을 보아야 하겠다.

낙엽이 부서지는 음악 속으로
시(詩)가 틈새 끼어 화폭을 만드는
가로수길

추억을 엮어
그림을 그리는 그 길
멀리서 다가오는가 싶더니
멀어져만 가는가.

나의 발목을 잡고 있는
너의 잔정이
돌부처 되고
낙엽 등에 껌 딱지처럼 매달린
너의 미소는
비 젖은 바닥에서 잠자고 있다.

– 「돌아가는 길」

반짝 든 여우볕에
가지마다 망울망울 얼굴 내밀고

햇살 훈훈한 입김
바람이 스칠 때 마다

불그레 웃음 짓듯
연지 볼이 곱다.

-「앵두」

세상 사람들은 현실에만 진리가 있고 물질에만 가치가 있다고 생각한다. 그러나 그것은 인간들의 생각이지 조물주의 뜻도 본질적인 가치도 아니다. 그러기에 시인은 현실과 물질 너머에 아직 밝혀지지 않은 진실과 본질을 찾는 것이다. 거기에 영혼의 자유로움이 있고, 치유가 있고, 구원이 있다는 것을 믿기 때문이다. 작품 「돌아가는 길」에서는 가로수 길을 걸으며 음악을 듣고, 시를 발견하고 화폭을 만든다. 추억을 엮어 그림을 그리고, 그리운 이의 기억들을 더듬어 잔정을 느끼고, 너의 미소가 비 젖은 바닥에서 잠자고 있음을 고즈넉하게 상상한다. 무심코 지나갈 낙엽 지는 가로수 길이지만 시인에게는 이처럼 너무나 풍요롭고 행복한 길이 되는 것이다.

「앵두」라는 작품을 보자. "반짝 든 여우볕에/가지마다 방울방울 얼굴 내밀고" 여기서 여우볕이란 비나 눈이 오는 날 잠깐 났다가 숨어버리는 햇빛을 이르는 말이다. 수줍게 숨어 있던 앵두 알들이 잠깐 비치는 햇살에 마치 문틈으로 배시시 내미는 소녀의 해맑은 얼굴처럼 그것도 수백 수만 개가 일제히 연지 볼 얼굴을 내밀고 불그레 웃음 짓는 모습을 상상해보라. 여기에 시적 진실이 있고, 시적 행복이 있다. 「몽돌이의 이야기」라니까 우리는 몽돌의 강인한 의지와 신념만을 생각한다. 그러나 구연민 시인의 몽돌이는 세상을 향해 악착같이 사는 몽돌이가 아니라 시적으로 세상을 아름답고 따뜻하고 사랑스러움으로 보는 영혼이 거듭난 몽돌이라는 것을 이들 시에서 확인하게 된다.

5부 '망구(望九)의 소욕(所慾)'은 「종점역(終點驛)에서」「생존(生存)」「그래」「망구(望九) 소욕(所欲)」「곡(哭)」「삶의 덧셈」「회생(回生)」「동행자(同行者)(1)」「악몽(惡夢)」「우정(友情)」「허상(虛想)」「가을에 여는 마음」「몽돌이 되리」「바위섬」으로 되어있다. 시집 마지막 부분이기에 많은 몽돌이 이야기가 있을 수 있다. 그러나 여기서 주목하게 되는 작품은「몽돌이 되리」다. 이 시집의 주제가 몽돌이 이야기인 만큼「몽돌이라 말 하리다」로 시작하여「몽돌이 되리」로 마무리 하는 것이 수미상관의 완벽한 미학적 구조가 되기 때문이다.

혹독한 엄동설한(嚴冬雪寒)에도
추우면 추울수록
단단하고 질겨지는 목숨.

애정행각(愛情行脚)은 예전에 유배(流配)로
여가문화(餘暇文化)는 가래로 뒤 덮고
희로애락(喜怒愛樂)은 부처님 가운데 도막일세.

눈비 바람에 시달리고
옷이 찢어지며 살점이 떨어져도
구르고 굴러도 깨지지 않는

우주(宇宙)에서 온 운석(meteorite, 隕石)처럼 귀한 것을
곱게 손질하여 분칠한
골백번 참고 견뎌나는 몽돌이 되리.

-「몽돌이 되리」

이 마지막 부분의 작품 「몽돌이 되리」는 지금까지의 몽돌이에서 한 차원 높은 달관의 몽돌이로 삶을 완성하겠다는 정말 비장한 염원과 다짐이 있는 작품이다. 그는 그동안 엄동설한 같은 영욕의 인생길을 강인한 신념과 생활력으로 극복해왔으며, 그처럼 혹독한 연단과정을 통해 이제 세속적인 애정이니 여가니 희로애락이니 하는 것들에 대한 집착에서 시인으로 벗어난 지 오래다. 그렇다면 이제 남은 일은 우주에서 온 운석처럼 귀한 것을 곱게 분칠하고 골백번 참고 견뎌서 더욱 값지고 아름답게 빛나는 참으로 영적으로 시적으로 거듭난 몽돌이 이야기를 만들겠다는 것이다.

이처럼 월산 구연민 시인의 이번 시집「몽돌이의 이야기」는 일제 강점기와 해방과 분단과 산업화의 격동기를 헤치고 교육계에서 생활현장에서 돌멩이처럼 강인하게 살다가 마침내 시인이 되어 팔순을 넘긴 황혼인데도 쩌렁한 목청으로 그의 인생, 사랑, 그리움, 그리고 꿈을 몽돌이의 시적 이미지로 형상화하여 독자들에게 감동을 주고 있는 몽돌이 인생 몽돌이 시학이라고 해야 하겠다.

몽돌이의 이야기
月山 구 연 민 詩選集

2021년 5월 10일 인쇄
2021년 5월 15일 발행

지은이 구 연 민
펴낸이 신 용 호
펴낸곳 창조문학사

서울 서대문구 홍은동 397-26 동천아카데미 5층
등록번호 제1-263호
전화 374-9011, Fax 374-5217
공급처 한국출판협동조합 전화 716-5616~9

값 10,000원
ISBN 978-89-7734-782-3